6

구약

KB200026

돌아온 하나님의 백성

가스펠 프로젝트 유치부

구약

6

돌아온 하나님의 백성

지은이 | LifeWay Kids
옮긴이 | 이선주
감 수 | 김병훈·이희성·정희영

초판 발행 | 2018. 2. 7
2판 1쇄 발행 | 2024. 9. 9
등록번호 | 제1988-000080호
등록된 곳 | 서울특별시 용산구 서빙고로65길 38
발행처 | 사단법인 두란노서원
영업부 | 02) 2078-3352, 3452, 3752, 3781
        FAX 080-749-3705
편집부 | 02) 2078-3437

표지디자인 | 땅콩프레스
활동 연구 | 김찬숙·박청아·유은정
           진명선·홍선아

책값은 뒤표지에 있습니다.
ISBN 978-89-531-4716-4 04230
     978-89-531-4641-9 (세트)

홈페이지 | gospelproject.co.kr
두란노몰 | mall.duranno.com

The Gospel Project for Preschool

is published quarterly by LifeWay Christian Resources, One LifeWay Plaza, Nashville, TN 37234, Thom S. Rainer, President © 2016 LifeWay Christian Resources
Translated and used by permission of LifeWay Christian Resources

This Korean translation edition © 2018 by Duranno Ministry, 38, Seobinggo-ro 65-gil, Yongsan-gu, Seoul, Republic of Korea. Published by arrangement with LifeWay Christian Resources

차례

1 보호하시는 하나님

2 공급하시는 하나님

1 다니엘과 친구들이
하나님께 순종했어요

느부갓네살왕은 건강하고, 잘생기고, 똑똑한 젊은이들을 바벨론으로 데려갔어요.
다니엘과 친구들은 왕이 정한 음식을 먹지 않음으로 하나님께 순종했어요.
그들은 왕의 음식을 먹은 다른 젊은이들보다 건강해 보였어요.

다니엘과
친구들의
순종

준비물 ▼
41쪽 '음식' 스티커

식탁을 차려 주세요

다니엘과 친구들은 왕이 정한 음식 대신에 무슨 음식을 먹었나요?
'음식' 스티커 중에서 알맞은 음식을 떼어 붙여 다니엘과 친구들의 식탁을 차려 주세요.

이야기 나누기

- 다니엘과 친구들은 왜 모든 음식을
  먹을 수 없었나요?
- 하나님께 순종한 다니엘과 친구들
  을 보신 하나님은 어떤 마음이셨을
  까요?

사드락, 메삭, 아벳느고를 구하셨어요

하나님을 사랑하지 않았던 느부갓네살왕은 커다란 금 신상을 만들었어요. 모든 사람이 금 신상에 절해야 한다는 규칙이 생겼어요. 다니엘의 친구들은 절을 하지 않아 활활 타오르는 불구덩이에 던져졌어요. 하나님이 불 속에서 그들과 함께 계시며 보호해 주셨어요. 왕은 하나님께 함부로 말하는 사람은 벌을 받을 것이라는 새로운 규칙을 만들었어요.

어떤 마음일까요?

세 친구를 보호하시는 하나님

그림을 보면서 어떤 내용인지 친구와 이야기를 나누어 보세요.
불 속에 있던 사드락, 메삭, 아벳느고의 마음과 왕의 마음이 각각 어떠했을지 상상해 보고
말풍선에 글이나 그림으로 표현해 보세요.

이야기 나누기

- 사드락, 메삭, 아벳느고는 왜 금 신상에 절하지 않았나요?
- 그들은 어떻게 불 속에서 살아 나올 수 있었나요?

3 # 다니엘을 구하셨어요

다리오왕은 오직 왕에게만 기도해야 한다는 법을 만들었어요.
하지만 다니엘은 늘 그러했듯이 하나님께 기도했고, 사자 굴에 던져졌어요.
하나님은 다니엘을 구하셨어요.
왕은 모든 사람이 하나님을 공경해야 한다는 새로운 법을 만들었어요.

그리기

다니엘을
보호하시는
하나님

다니엘은 안전해요!

하나님의 말씀에 순종해 사자 굴에 던져진 다니엘을 그려 보세요.
다니엘을 보호해 주시는 하나님의 사랑을 그림으로 표현해 보세요.

이야기 나누기

- 다니엘은 왜 하나님께 기도하는 일을
  멈추지 않았나요?
- 그는 어떻게 사자 굴 속에서 살아 나
  올 수 있었나요?

하나님의 백성을 고향으로 데려오셨어요

하나님의 백성은 바벨론의 포로가 되어 고향 땅을 떠나 살았어요.
하나님은 약속하신 대로 그들을 고향으로 돌아오게 하셨어요.
하나님의 백성은 고향인 예루살렘에서 하나님의 성전을 다시 짓기 시작했어요.
성전의 기초가 놓이자 그들은 굉장히 기뻐했어요.

예루살렘으로 돌아가요!

하나님의 백성이 고향인 예루살렘에 잘 도착할 수 있도록 미로를 통과해 주세요.

약속을
이루시는
하나님

출발

도착

😊 이야기 나누기

- 하나님의 백성은 70년 동안 바벨론에서 살아야 했어요. 그들을 고향인 예루살렘으로 데려오신 분은 누구이신가요?
- 예루살렘에 도착한 그들은 성전의 기초를 놓았어요. 어떤 기분이 들었을까요?

10

5 성전을 다시 지었어요

하나님의 백성은 성전을 다시 짓는 일을 멈추었어요.
그러나 하나님은 하나님의 백성이 성전을 완성하기를 바라셨어요.
새 왕은 하나님의 백성이 성전을 완성하게 하고, 필요한 물건은 무엇이든 주라고 했어요. 하나님은 하나님의 백성이 성전을 다시 짓도록 도와주셨어요.

THE GOSPEL PROJECT / EXILE AND RETURN

신실하신 하나님

성전을 완성해요

숫자 1부터 20까지 순서대로 선을 이어 성전을 완성해 주세요.
성전을 멋지게 색칠하고 꾸미세요.
하나님께 예배하는 성전이 어떤 모습이면 좋겠는지 친구와 이야기를 나누어 보세요.

이야기 나누기

- 바벨론을 차지한 새 왕이 하나님의 백성에게 내린 명령은 무엇인가요?
- 하나님의 백성을 예루살렘으로 인도하시고 성전을 짓도록 도와주신 하나님을 찬양해요!

6 에스더를 왕비로
세우셨어요

에스더는 왕비가 되었지만 자신이 유다 사람이라는 사실을 왕에게 말하지 않았어요.
어느 날 왕의 신하인 하만이 유다 백성을 모두 죽게 하려는 계획을 세웠어요.
에스더의 사촌 오빠 모르드개는 에스더에게 하만을 막아 달라고 부탁했어요.
에스더는 유다 백성에게 기도해 달라고 부탁했어요.

에스더는 누구일까요?

- 그림에서 에스더를 찾아 ○표 하세요.
- 29쪽 '손가락 인형'을 이용해 에스더 이야기를 꾸며 보세요.

에스더를 왕비로 세우신 하나님

손가락 인형 만들기

준비물 ▶ 29쪽 '손가락 인형', 셀로판테이프

❶ '에스더', '하만', '모르드개', '왕'이 그려진 '손가락 인형'을 떼어 내세요.

❷ 손가락 굵기에 각각 맞추어 '손가락 인형'을 둥글게 말고 셀로판테이프를 붙여 고정하세요.

❸ 오늘의 성경 이야기를 기억하며, '손가락 인형'을 이용해 역할 놀이를 해 보세요.

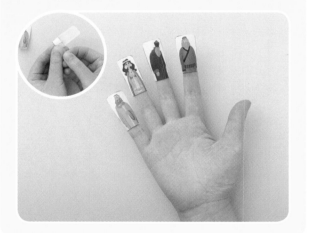

이야기 나누기

- 에스더를 왕비로 세우신 분은 누구이신가요?
- 에스더는 왜 왕비가 되었을까요?
- 하만이 세운 나쁜 계획이 무엇인가요?
- 에스더는 모르드개와 유다 백성에게 무슨 부탁을 했나요?

7 에스더를 통해 하나님의 백성을 구하셨어요

에스더는 하나님께 기도한 후 하나님의 백성을 구하려고 왕에게 갔어요.
놀랍게도 왕이 왕의 힘을 상징하는 금 지팡이를 내밀어서 에스더는 살 수 있었어요.
에스더는 자신이 준비한 잔치에 왕을 초대해 하만의 나쁜 계획을 알려 주었어요.
왕은 유다 백성을 안전하게 지키라는 법을 만들었어요.

에스더를
사용하신
하나님

이어서 이야기해요

'TV 그림' 칼선에 'TV 연속 그림'을 끼우고 차례대로 당겨 보며
에스더와 하나님의 백성에게 어떤 일이 일어났는지 이야기해 보세요.

준비물 ▶ 'TV 그림', 29쪽 'TV 연속 그림', 풀, 칼

1 'TV 그림' 양옆에 칼집을 넣으세요.

2 'TV 연속 그림'을 순서대로 연결해 붙여 주세요.

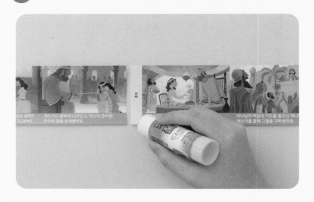

3 TV 화면에 그림이 보이도록 **2**의 'TV 연속 그림'을 끼우
고 양쪽 화살표 방향으로 조심스레 잡아당기며 에스더
이야기를 나누어 보세요.

 이야기 나누기

- 왕비인 에스더가 왕을 만나는 데는 왜 용기가 필요했나요?
- 왕 앞에 나아가는 에스더의 마음은 어떠했나요?
- 하나님의 백성을 하만으로부터 지키신 분은 누구이신가요?

8

느헤미야가 예루살렘의 소식을 들었어요

왕을 위해 일하던 느헤미야는 예루살렘성을 둘러싼 성벽이 무너졌고 성문이 다 불탔다는 소식을 들었어요. 느헤미야는 주저앉아 슬프게 울었고, 하나님의 백성을 도와 달라고 기도했어요. 하나님이 왕의 마음을 움직이셔서 왕이 성벽을 다시 지으라고 느헤미야를 예루살렘으로 보내 주었어요.

어떻게 된 일인가요?

짝이 되는 그림을 찾아 선을 그어 주세요.
각각의 그림 속 친구들이 어떤 일을 했기 때문에(원인) 어떤 일이 일어났는지(결과)
생각해 보고 친구와 이야기를 나눠 보세요.

이야기 나누기

- 유리창이 깨지고, 손을 데고, 친구들
  이 슬퍼하게 된 이유는 각각 무엇인
  가요?
- 하나님이 하나님의 백성을 고향에
  서 쫓겨나 멀리 흩어지게 하신 이유
  는 무엇인가요?

기도를
들으시는
하나님

기도하는 느헤미야를 그려요

예루살렘성을 둘러싼 성벽이 무너졌고 성문이 다 불탔다는 소식을 들은 느헤미야는 주저앉아 슬프게 울며 기도했어요.
눈물로 하나님께 기도하는 느헤미야의 모습을 그려 보세요.

이야기 나누기

- 느헤미야는 왜 슬퍼했나요?
- 예루살렘에 도착한 느헤미야는 사람들에게 무엇이라고 말했나요?

9

예루살렘 성벽을 다시 세웠어요

하나님은 느헤미야가 예루살렘성을 둘러싼 성벽과 성문을 다시 세우도록 이끄셨어요. 모든 사람이 함께 일했어요. 원수들은 하나님의 백성이 성벽과 성문을 수리하는 것을 싫어해서 방해했어요. 그렇지만 하나님의 백성은 계속 일했고, 성벽과 성문을 다시 세워 완성했어요. 하나님의 백성은 안전해졌어요.

성벽을 수리해요

41쪽 '성벽 조각' 스티커를 떼어 낸 후 알맞은 모양을 찾아 붙여 주세요.
성벽의 부서진 부분을 다 메워 성전 수리가 끝났다면 기쁜 마음으로 손뼉을 치며 하나님께 감
사를 표현해 보세요.

하나님의
백성을
도우시는
하나님

이야기 나누기

- 하나님은 무너진 성벽과 성
문을 다시 세우기 위해 누구
를 사용하셨나요?
- 원수의 방해에도 불구하고
끝까지 완성할 수 있었던 이
유는 무엇인가요?

10 에스라가 하나님의 율법을 읽었어요

에스라는 하나님의 백성에게 하나님의 말씀을 가르쳤어요.
하나님의 백성은 하나님께 순종하지 않았던 것이 너무 죄송해서 울었어요.
느헤미야와 에스라, 백성을 가르쳤던 사람들은 오늘은 행복한 날이니 슬퍼하지 말라고
했어요. 하나님의 백성은 하나님이 말씀을 주신 것을 기뻐하며 큰 잔치를 벌였어요.

성경을 찾아 주세요

그림에서 소중한 하나님의 말씀이 담긴 성경 10권을 찾아 ○표 하세요.

소중한
하나님의 말씀

이야기 나누기

- 성벽이 완성된 후 하나님의 백성은 함께 모여 무엇을 했나요?
- 하나님의 말씀인 성경을 읽는 것은 왜 중요할까요?

하나님의 말씀을 기억해요

나만의 말씀 가방을 만들어요

가스펠 프로젝트 구약 암송 말씀을 담아 '말씀 암송 책'을 만들고 말씀 가방에 넣어 가지고 다니며 말씀을 기억해 보세요.

준비물 ▼
33쪽 '말씀 가방', 31쪽 '말씀 암송 책', 풀, 네임펜

1 '말씀 암송 책'을 떼어 접는 선대로 접고, 제목을 읽은 뒤 네임펜으로 이름을 써 보세요.

2 '말씀 가방'을 떼어 접는 선대로 접고, '풀칠'에 풀을 발라 나만의 가방을 완성해 보세요.

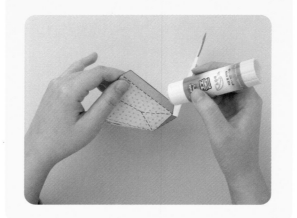

3 ❶을 펼치고 인도자를 따라 암송 구절을 큰 소리로 읽어 보고, '말씀 가방'에 넣어 보관하세요.

이야기 나누기

- 성경이 하나님이 우리에게 주신 하나님의 말씀이라는 사실을 믿고 있나요?
- 하나님의 말씀인 성경을 얼마나 사랑하고 많이 읽는지 이야기를 나누어 보세요.

11 말라기가 하나님의 말씀을 전했어요

하나님의 백성은 하나님께 순종하지 않았어요.
하나님은 그들을 사랑하셔서 말라기 선지자를 보내 잘못을 회개하라고 전하게 하셨어요.
말라기는 하나님이 심부름꾼을 보내실 것이라고 말했어요.
그 심부름꾼은 하나님이 약속하신 구세주가 곧 오실 테니 준비하라고 말할 거예요.

예비하시는 하나님

누구일까요?

'말라기' 선지자에서 출발해 선을 따라가 보세요. 누구누구를 만날 수 있나요?
말라기는 하나님이 심부름꾼을 보내실 것이라고 말했어요.
그 심부름꾼은 하나님이 약속하신 구세주가 곧 오실 테니 준비하라고 말할 거예요.
말라기가 말한 '심부름꾼'과 '구세주'가 각각 누구인지 알아맞혀 보세요.
41쪽 말풍선 스티커를 떼어 세례 요한이 말하는 것처럼 붙여 주세요.
하나님이 약속하신 구세주가 누구이신지 흐린 글씨를 따라 쓰며 말해 보세요.

말라기

예 수 님

세례 요한

이야기 나누기

- 말라기 선지자가 전한 하나님의
  말씀은 무슨 내용인가요?
- 예수님이 이 세상에 오신 이유는
  무엇인가요?

에스더

하만

모르드개

왕

1 모르드개는 에스더에게 하나님의 백성이 큰 위기에 처했다고 말했어요.

2 에스더가 왕에게 나아가기 전에 에스더와 하나님의 백성은 금식하며 기도했어요.

3 에스더는 왕에게 나아갔고, 자신이 준비한 잔치에 왕을 초대했어요.

4 에스더는 왕에게 유다 백성을 구해 달라고 부탁했어요.

5 기도를 들으신 하나님은 에스더를 통해 하나님의 백성을 구하셨어요.

---------- 접는 선

예수님을 만나는

가스펠
프로젝트

이름 :

구약
1 위대한 시작

위대한 시작

예수님을 만나는

가스펠
프로젝트

이름 :

구약
2 하나님의 구출 계획

하나님의 구출 계획

예수님을 만나는

가스펠
프로젝트

이름 :

구약
3 약속의 땅

약속의 땅

예수님을 만나는

가스펠
프로젝트

이름 :

구약
4 왕국의 성립

왕국의 성립

예수님을 만나는

가스펠
프로젝트

이름 :

구약
5 선지자와 왕

선지자와 왕

예수님을 만나는

가스펠
프로젝트

이름 :

구약
6 돌아온 하나님의 백성

돌아온 하나님의 백성

모세가 백성에게 이르되 너희는 두려워하지 말고 가만히 서서 여호와께서 오늘 너희를 위하여 행하시는 구원을 보라 너희가 오늘 본 애굽 사람을 영원히 다시 보지 아니하리라(출 14:13).

그 밤에 여호와께서 그에게 나타나 이르시되 나는 네 아버지 아브라함의 하나님이니 두려워하지 말라 내 종 아브라함을 위하여 내가 너와 함께 있어 네게 복을 주어 네 자손이 번성하게 하리라 하신지라(창 26:24).

하나님은 온 땅의 왕이심이라 지혜의 시로 찬송할지어다 하나님이 뭇 백성을 다스리시며 하나님이 그의 거룩한 보좌에 앉으셨도다(시 47:7~8).

내가 네게 명령한 것이 아니냐 강하고 담대하라 두려워하지 말며 놀라지 말라 네가 어디로 가든지 네 하나님 여호와가 너와 함께하느니라 하시니라(수 1:9).

그는 때와 계절을 바꾸시며 왕들을 폐하시고 왕들을 세우시며 지혜자에게 지혜를 주시고 총명한 자에게 지식을 주시는도다(단 2:21).

너희는 옷을 찢지 말고 마음을 찢고 너희 하나님 여호와께로 돌아올지어다 그는 은혜로우시며 자비로우시며 노하기를 더디 하시며 인애가 크시사 뜻을 돌이켜 재앙을 내리지 아니하시나니(욜 2:13).

----------- 접는 선

풀칠

풀칠

풀칠

풀칠

가스펠 프로젝트

구약 6

가족 활동
메시지 카드

1. 다니엘과 친구들이
하나님께 순종했어요
단 1장

2. 사드락, 메삭, 아벳느고를
구하셨어요
단 3장

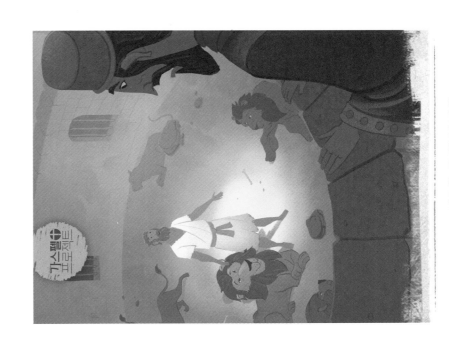

3. 다니엘을 구하셨어요
단 6장

부모님께

메시지 카드에는 아이들이 배운 성경 이야기를 되새기며 삶에 적용할 수 있는 가족 활동이 담겨 있습니다. 그림을 보며 이번 주 성경 본문을 찾아 가족이 함께 성경 이야기를 나누어 보세요. 카드의 그림은 성경의 주요 장면을 흥미롭게 기억할 수 있는 단서가 될 것입니다.

6권 '돌아온 하나님의 백성'에 담긴 가르침

하나님은 다니엘, 스알디셀, 에스더, 느헤미야, 에스라, 말라기를 통해 하나님의 보호하심과 신실하심을 백성에게 보여 주십니다. 포로 생활 속에서도, 그들이 고향으로 돌아와 성전과 성벽을 재건할 때에도 하나님이 함께하심을 보았습니다. 죄로 인해 하나님과 멀어지는 백성에게 하나님의 구원을 선포하심을 보며 메시지를 바로 예수 그리스도입니다. 그

---

1. 다니엘과 친구들이 하나님께 순종했어요

주제 다니엘은 왕의 정한 음식을 먹지 않았어요.

단원 암송 단 2:21

성경의 초점 어떻게 해야 하나님께 순종할 수 있나요? 하나님이 우리에게 순종할 힘을 주신다고 믿어요.

예수님 생각하기 다니엘은 하나님께 순종하기로 결심했고, 하나님은 다니엘과 친구들을 도와주셨어요. 예수님은 우리가 순종하도록 하나님께 이런 방법으로 도와주시는지 말해 보세요. 예수님은 이 땅에 오셨어요. 하나님께 순종하시고 죄를 용서하시고 도와주세요.

가족과 이야기해요
• 만약 내가 다니엘이었다면 어떻게 했을 것이라고 생각하나요?
• 우리가 순종하도록 하나님이 어떻게 도와주시나요?

가족과 활동해요
• 하나님께 순종하는 것이 항상 최고의 선택이라는 사실을 이야기해 주세요.
• 이웃을 위해 동네를 다니며 쓰레기를 주워 보세요.
• 맛있는 제철 채소를 이웃과 함께 나누어 보세요.

---

2. 사드락, 메삭, 아벳느고를 구하셨어요

주제 하나님은 불 속에 던져진 다니엘의 친구들과 함께하셨어요.

단원 암송 단 2:21

성경의 초점 어떻게 해야 하나님께 순종할 수 있나요? 하나님이 우리에게 순종할 힘을 주신다고 믿어요.

예수님 생각하기 다니엘의 친구들은 불에서 내신 하나님은 우리를 구하려고 예수님을 보내 주셨어요. 예수님은 우리 대신 죄의 형벌을 받고 죽으셨고, 다시 살아나셨어요. 우리는 예수님 덕분에 하나님과 영원히 함께 지낼 수 있어요.
• 왜 사람들이 예수님을 믿고 따라야 할까요?
• 불 속에 있던 네 번째 사람은 누구였나요?

가족과 활동해요
• 우리 주변의 지도자들의 태도와 하나님의 오직 한 분, 진짜 하나님이신 것을 말하고 기도하세요.
• 음식을 나누어 함께 해 수고하며 소방서에 가져다 드리며 감사를 실천하세요.

---

3. 다니엘을 구하셨어요

주제 하나님은 다니엘을 사자 굴에서 구하셨어요.

단원 암송 단 2:21

성경의 초점 어떻게 해야 하나님께 순종할 수 있나요? 하나님이 우리에게 순종할 힘을 주신다고 믿어요.

예수님 생각하기 하나님은 다니엘의 믿음을 받아 다니엘을 구하셨어요. 이것은 성경이 말하는 더 큰 이야기의 작은 부분이에요. 하나님은 아들이신 예수님을 통해 우리를 죄와 죽음에서 구원하셨어요.

가족과 이야기해요
• 만약 내가 다니엘이었다면 어떻게 했을 것이라고 생각하나요?
• 다니엘은 단지 굴에 빠 무서워했을까요?
• 예수님은 우리를 어디에서 구원하시나요?

가족과 활동해요
• 동물원에 가서 사자들을 관찰해 보세요.
• 지를 사이 기도막고 있는 우리나 밖에 대항할 대화를 나누어 보세요.
• 식탁 등 용장소에서 가족이 단 함께 기도할 수 있는 특별한 공간을 만들어 보세요.

4. 하나님의 백성을 고향으로 데려오셨어요
스 1:1~2:2, 2:64~3:13

5. 성전을 다시 지었어요
스 4:1~7, 5:1~5, 6:1~22

6. 에스더를 왕비로 세우셨어요
에 1~4장

7. 에스더를 통해 하나님의 백성을 구하셨어요
에 5~10장

4. 하나님의 백성을 고향으로 데려오셨어요

주제 하나님은 왕의 마음을 바꾸셔서 이스라엘 백성이 고향으로 돌아오게 하셨어요.

단원 암송 단 2:21

성경의 초점 어떻게 해야 하나님께 순종할 수 있나요? 하나님이 우리에게 순종하라고 하셨다고 믿어요.

예수님 생각하기 하나님은 하나님의 백성을 고향으로 다시 세우기 위해 하나님의 백성을 고향으로 보내셨어요. 하나님의 백성을 구원하기 위해 예수님을 보내셨어요. 예수님은 다시 오셔서 모든 것을 회복시키시고 우리와 영원히 함께하실 거예요.

기족과 이야기해요
- 아주 오랫동안 집을 떠나 있다면 어떨까요?
- 성전의 기초를 쌓는 것은 왜 중요한가요?
- 예수님이 우리를 위해 준비하고 계시는 것이 지금 우리가 사는 집보다 좋다는 것을 어떻게 생각하나요?

기족과 활동해요
- 가까운 공사 현장을 찾아가 건물의 기초를 확인해 보세요.
- 당신 단체를 찾아보세요, 우리나라에 금방 도착한 다른 민족 사람들을 우리 가족이 어떻게 도울 수 있을지 이야기해 보세요.

---

5. 성전을 다시 지었어요

주제 하나님은 하나님의 백성이 성전을 다시 짓도록 도와주셨어요.

단원 암송 단 2:21

성경의 초점 어떻게 해야 하나님께 순종할 수 있나요? 하나님이 우리에게 순종할 힘을 주신다고 믿어요.

예수님 생각하기 하나님께 예배드리는 장소가 생겼어요. 하나님은 우리가 어디에 있든지 하나님께 예배할 수 있어요. 이제 예수님을 믿는 우리는 언제나, 어디서나 하나님을 만날 수 있어요. 예수님은 우리와 함께 계세요.

기족과 이야기해요
- 하나님을 마무리해야 할 일이 있나요? 가족이 함께 그 일을 완성해 보세요.
- 이제 성전에 가지 않아도 어디에서든 하나님께 예배드릴 수 있나요? 특별한 장소를 이야기해 보세요.

기족과 활동해요
- 가정에서 하나님의 백성이 성전을 다시 짓도록 어떻게 도와주었나요?
- 이웃이나 가족이 함께 예배드리는 장소에 모여 예배드리는 시간을 가져 보세요.

---

6. 에스더를 왕비로 세우셨어요

주제 하나님은 약속을 지키시는 분이세요.

단원 암송 에 3:22~23

성경의 초점 하나님은 약속을 언제나 지키시나요? 신실하신 하나님은 약속을 실천하셨어요.

예수님 생각하기 하나님은 하나님의 계획을 이루세요. 악한 자가 하나님의 계획을 방해하려고 했지만, 악한 계획을 막을 수 없었어요. 하나님은 예수님을 이 땅에 보내기 위해 에스더를 왕비로 세우셨어요. 하나님은 계획을 실천하셨어요.

기족과 이야기해요
- 하나님의 나쁜 계획 때문에 하나님의 구세주를 지 못할 수 있었나요? 무엇이 하나님의 계획을 막을 수 있나요?
- 하나님이 우리를 가족, 이웃, 교회, 동네에 두셨다고 생각하나요? 그 자리에서 하나님을 어떻게 섬길 수 있을지 이야기를 나누어 보세요.

기족과 활동해요
- 건강이 하락한다면 가족과 함께 한 기를 금식하세요, 믿지 않는 사람들을 위해 기도하세요.
- 가족과 기도 일기를 쓰면서 기도 제목과 응답받은 것을 기록하세요.

---

7. 에스더를 통해 하나님의 백성을 구하셨어요

주제 하나님은 하나님의 백성을 구하기 위해 에스더를 사용하셨어요.

단원 암송 에 3:22~23

성경의 초점 하나님은 약속을 지키시나요? 신실하신 하나님은 약속을 지키세요.

예수님 생각하기 하나님은 악한 사람들을 죽게 하려는 오셨을 때 예수님이 이 땅에 오셨어요. 예수님은 우리가 지은 악을 이기는 힘이 있어요.

기족과 이야기해요
- 하나님이 다스리시는 일들은 무엇인가요?
- 하나님이 다스리지 않는다고 느껴질 때도 언제인가요?
- 예수님께 악을 이기는 힘이 있다는 사실을 보여 주시기 위해 예수님을 무엇을 하셨나요?

기족과 활동해요
- 유대인의 부림절에 읽어 소개하는 자료를 찾아서 다 함께 읽어 보세요.
- 하나님이 보내셨고 약속하신 구세주가 바로 예수님이라는 사실을 유대인들이 믿게 되도록 기도하세요.

38

8. 느헤미야가 예루살렘의 소식을 들었어요
느 1~2장

9. 예루살렘 성벽을 다시 세웠어요
느 3:1~6:16

10. 에스라가 하나님의 율법을 읽었어요
느 8:1~12

11. 말라기가 하나님의 말씀을 전했어요
말 1~4장

주제 느헤미야는 하나님의 백성이 예루살렘 성벽을 다시 세울 수 있도록 도와 달라고 하나님께 기도했어요.

단원 암송 애 3:22~23

성경의 초점 하나님은 약속을 언제나 지키세요.

예수님 생각하기 하나님은 하나님의 백성을 안전하게 지키실 것을 주겠다고 약속하셨어요. 예수님이 우리의 죄를 대신 하셔서 십자가에서 죽으셨기 때문에 우리는 예수님을 믿으면 영원히 하나님과 함께 지낼 수 있어요.

가족과 이야기해요
• 아픔을 겪고 있는 이웃에게 위로의 카드를 보내고 하나님이 하신 약속을 말해 보세요.
• 누군가가 어려움을 겪고 있나요? 이렇게 도울 수 있나요?
• 하나님이 하신 약속을 말해 보세요.

가족과 활동해요
• 아픈 사람을 위로해 주는 기관을 방문하고 함께 기도하세요.
• 중보 기도가 필요한 성도를 아름답게 도울 수 있을지 의논하고 실천해 보세요.

주제 하나님은 성벽을 다시 세우도록 느헤미야를 이끄셨어요.

단원 암송 애 3:22~23

성경의 초점 하나님은 약속을 지키시는 분이세요.

예수님 생각하기 느헤미야는 하나님의 백성이 성을 다시 세우도록 도와주었어요. 성벽을 사람들을 원수들로부터 보호했어요. 예수님은 우리를 죄로부터 보호하세요. 예수님을 믿고 사랑하면 우리를 안전하게 지키시고, 우리는 영원히 예수님과 함께 살 수 있어요.

가족과 이야기해요
• 가족이 함께 노래에 얼을 끝마친 때에 대해 이야기해 보세요.
• 느헤미야는 어떻게 하나님의 백성을 잘 이끌었나요?
• 예수님은 우리를 죄로부터 어떻게 보호하시나요?

가족과 활동해요
• 나이가 많으신 이웃을 찾아가 수리가 필요한 일이나 집안일을 도와 드리세요.
• 우리 동네에 청소하는 등 지역의 미화 작업에 참여해 보세요.

주제 에스라가 하나님의 말씀을 읽자 백성들이 잘못을 깨달았어요.

단원 암송 애 3:22~23

성경의 초점 하나님은 약속을 지키시는 분이세요.

예수님 생각하기 성경은 하나님과 예수님에 대해 기록 되어 있는지, 어떻게 죄를 짓게 되었는지 알려 주어요. 우리는 자신이 죄를 지을 수 밖에 없는 존재임을 알고 예수님이 우리를 죄에서 구원하기 위해 죽으셨어요.

가족과 이야기해요
• 왜 성경은 다른 책과도 같지 않나요?
• 우리가 하나님의 말씀을 이해하도록 도와주는 사람들은 누구인가요?
• 성경에서 하나님이나 예수님에 대해 배운 것들을 이야기해 보세요.

가족과 활동해요
• 성경 구절을 정해 한 주 내에 외워 보세요. 특히 가족이 된 시간을 함께 보세요.
• 성경을 구입해 하나님의 말씀을 읽지 못하는 지역에 보내세요.

주제 말라기는 하나님의 백성에게 회개하라는 하나님의 말씀을 전했어요.

단원 암송 애 3:22~23

성경의 초점 하나님은 약속을 지키시는 분이세요.

예수님 생각하기 하나님의 심부름꾼인 말라기는 세례 요한이 대해 말했어요, 또 다른 심부름꾼인 예수님이 오시니 회개하라고 말했어요. 마지막 심부름꾼 인 예수님은 사람들을 죄에서 구원하기 위해 오셨어요.

가족과 이야기해요
• 하나님의 말씀중하는 하나님이 어떤 말을 하게 하신 것은 그들을 사랑하시기 때문일까요?
• 그들이 잘못하고 있던 무엇인가요?
• 우리는 누구에게 잘못이 다시 오실 때를 준비하고 이야기할 수 있나요?

가족과 활동해요
• 우리 가족이 가진 것을 다른 사람들에게 나눌 방법을 찾아서 같은 믿음도 실천해 보세요.
• 가족과 가까운 농장을 찾아가 손위짓을 관찰하세요, 연결기 예수님이 다시 오시면 우리가 이웃게 숨아지처럼 뭐길지 이야기를 나누어 보세요.